The Royal Botanic Gardens, Kew
SUDOKU

SIRIUS

Great care has been taken to maintain the accuracy of the information contained in this work. However, neither the publisher nor its authors and editors can be held responsible for any consequences arising from use of the information contained herein. The views expressed in this work do not necessarily reflect those of the publisher or of the Board of Trustees of the Royal Botanic Gardens, Kew.

SIRIUS

This edition published in 2024 by Arcturus Publishing Limited
26/27 Bickels Yard, 151–153 Bermondsey Street,
London SE1 3HA

Text and design copyright © Arcturus Holdings Limited
Puzzles by Puzzle Press
The Royal Botanic Gardens, Kew logo copyright © The Board of Trustees of the
Royal Botanic Gardens, Kew

ISBN: 978-1-3988-3305-0
AD011535NT

Printed in China

Contents

How to Solve a Sudoku Puzzle

Each puzzle begins with a grid in which some of the numbers are already in place:

	9	6			8		3	
		1		4	2			
5						8	1	9
4		7	1	2				3
		8	7		6	5		
2				9	4	6		1
8	7	2						5
			3	5		1		
	3		2			4	6	

You need to study the grid in order to decide where other numbers might fit. The numbers used in a sudoku puzzle are 1, 2, 3, 4, 5, 6, 7, 8, and 9 (0 is never used).

For example, in the top left box the number cannot be 9, 6, 8, or 3 (these numbers are already in the top row); nor can it be 5, 4, or 2 (these numbers are already in the far left column); nor can it be 1 (this number is already in the top left box of nine squares), so the number in the top left square is 7, since that is the only possible remaining number.

A completed puzzle is one where every row, every column and every box contains nine different numbers, as shown below:

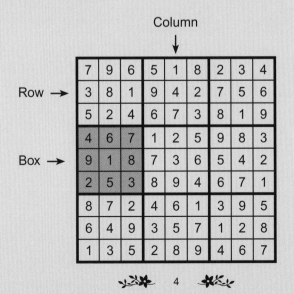

Column

Row →

Box →

1

	3	7	6			2		8
6	8			9	2		1	4
	9		8			5		
	4			1		6		5
		1	3	8	5	7		
8		2		7			3	
		6			7		2	
3	7		5	2			6	1
4		8			3	9	5	

2

8	5	2	3					1
		7			2	8		3
6				9	1		7	
	9	1		4			6	8
		5	9	2	6	1		
7	2			8		4	5	
	4		7	6				5
2		3	4			9		
5					8	7	1	4

3

5			8	4	9			7
3						6	5	
1		7		3			9	2
		2			3	4	8	5
	5		9	2	8		1	
6	7	8	5			3		
8	9			5		2		3
	6	5						1
2			1	9	7			8

4

2	3	8		1		6		9
			3	6	9	8		
			2		8	4		3
	9		4		1			8
	5	7		3		2	4	
1			7		5		9	
3		1	6		7			
		9	8	5	3			
5		6		4		9	3	7

5

9	3	4		1			6	
	6			8	9		5	4
			4				7	
6		3	1		2	7		5
8	2			5			4	3
5		1	8		4	6		9
	1				6			
3	5		9	2			1	
	9			7		2	3	6

6

	3	1		8			7	9
	8				3	6		5
	5		2	4	9			
		7			8	4	5	2
5			9	7	2			3
1	6	2	5			8		
			3	9	1		2	
6		5	8				3	
9	2			5		7	8	

7

		4		2	1			9
8	1	9	3				6	
	6				9	7	5	
2		3		9			8	6
	8		2	7	6		4	
4	9			3		1		7
	3	5	7				1	
	2				5	3	7	4
1			8	6		2		

8

1			8		7		4	
	8		2				3	6
2	9		4	1		7		
7		4		8	6	9		
	1	9		7		5	6	
		3	1	9		8		7
		2		3	8		9	1
3	6				1		7	
	7		6		5			2

9

9	4		6			2		1
5	3				9		8	
8			5	7		6		
		5	3	6		7	4	8
2				5				9
7	8	3		4	1			
		9		1	5	8		2
	5		2				7	4
4		1			3		6	5

10

2			7	5			9	1
	1	3	8		9	2		
					1	8	3	4
9	3			6		7		
		7	9	8	5	4		
		6		3			2	8
7	6	2	3					
		5	4		6	1	8	
8	4			9	2			6

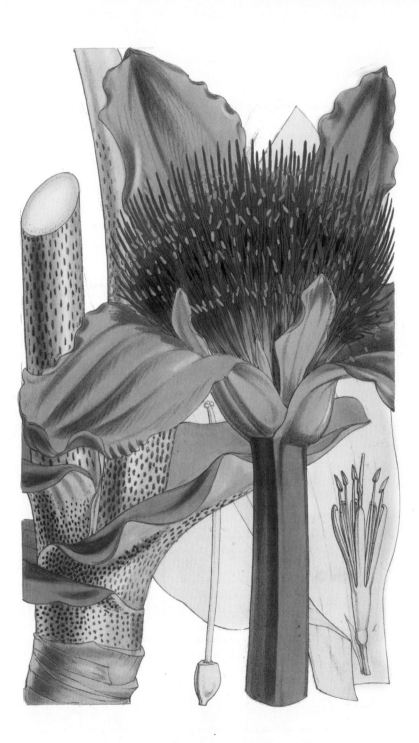

Haemanthus Insignis

11

		1	4		2			8
	4			8	3		5	1
6	9		5			4		
9	2		1		8		7	4
		5		2		8		
8	7		9		6		2	3
		3			9		1	7
1	6		2	4			8	
2			3		7	6		

12

7		3		1	8	4		
	4	6		7		8	5	
			2			7		9
6	1	2	7		4		8	
	3			8			7	
	8		1		3	6	9	4
1		8			7			
	6	9		3		5	1	
		5	9	6		2		8

13

2	7	8				1	3	6
		6		1	3	7		
5				6	2			4
		2	6				4	9
	8		5	3	7		1	
3	6				4	8		
8			1	9				3
		5	2	7		4		
1	2	9				5	7	8

14

4		8		2		7		6
1	2		8		9		3	5
	3		5		6		2	
		9	2	6	3	5		
6	4			8			1	2
		2	4	1	5	9		
	6		1		2		7	
8	7		6		4		5	9
2		3		5		6		1

15

5	6		9	4			7	2
		8		2			1	6
4	2	3			1			
	4			7	5	9		
3		7		9		1		5
		9	8	3			4	
			6			2	9	4
2	7			8		5		
9	1			5	4		8	3

16

8		5	3	2			9	4
9				6	4	7		3
	7		9					
2		6	8		5	4		1
	3			1			6	
1		8	7		6	9		2
					2		5	
5		7	1	9				6
3	4			5	8	2		7

7	5	6	8		1			2
		4		3	7		6	
2					6	1		9
6				8		7	1	
5			3	1	2			4
	3	8		6				5
8		9	1					7
	7		5	2		3		
3			6		9	8	4	1

2	5	8			7			4
		9	8			2		7
6	7		4	3			9	
		4		1			6	2
		5	6	8	3	4		
9	8			2		1		
	1			6	9		8	5
8		7			1	3		
5			2			9	4	1

19

4	5			9	6		2	1
3					5	7		
	9		8	4	7		5	
8			4		9	3		
7	3			8			4	5
		6	7		3			2
	1		2	3	8		7	
		2	9					8
9	8		5	7			1	6

20

	5	8	6			1		3
		7	1		3		9	
			7	9		2	6	
2				1	5			7
4	7	5		3		9	1	2
1			9	2				8
	9	2		8	1			
	6		5			4	3	
7		3			9	5	8	

Acts of creation are ordinarily reserved for gods and poets, but humbler folk may circumvent this restriction if they know how. To plant a pine, for example, one need be neither god nor poet; one need only own a shovel.

Aldo Leopold

21

		2	9			8		3
	4			6	2			9
3	6				5	7		
			5	7		3	8	1
9								4
8	5	1		3	6			
		3	7				9	6
1			2	8			7	
2		5			4	1		

22

9				7	3		1	6
2	6			8		4		
			2			5	7	8
		3	1	9				
	1	2				9	5	
				5	4	3		
3	7	8			6			
		1		4			8	9
4	5		7	1				2

★ ★

23

			4	5	6			
	8	3						6
7		5		8			9	1
	9		1			7	2	8
		8	7		5	6		
3	7	4			8		1	
6	4			1		5		9
1						8	3	
			5	2	7			

24

4	1	7		5			2	
			1		7		6	
			3	2	4		1	
		5	9		8			3
9	8						7	6
3			5		6	1		
	3		4	9	1			
	5		8		2			
	2			6		8	3	4

25

6	4		7	2				1
		2		6			3	8
9	7	3			5			
				4	6	9		
	2	1				8	4	
		9	2	8				
			1			4	7	3
1	5			3		6		
8				7	9		2	5

26

	1	6			7	2	9	
9		8	2			1		3
		2		1		4		
2	6		3	9				
	8						3	
				4	5		2	7
		4		6		7		
5		9			1	6		4
	7	1	8			3	5	

27

4		1	9		2	3		8
	2			1			6	
		3	5		7	2		
	1		6	2	5		4	
5		7				9		2
	4		1	7	9		5	
		5	2		1	6		
	3			5			8	
1		6	4		8	5		7

28

1			2					
		5		3	7	1	8	
	2	8	4					6
	6	7	1			2	5	
5				7				9
	3	2			8	7	4	
3					9	4	1	
	8	9	6	5		3		
					3			8

29

		3	9	6		7		4
8					5			
	2	9		4		1	3	
3	8	1			6		9	
	4						7	
	9		3			5	6	1
	6	2		7		8	1	
			4					6
9		5		1	8	2		

30

5			4				7	3
			9	6			1	
1	4	3				2		
		5		9	1	6	8	
	2		7		8		4	
	7	1	6	3		9		
		2				4	9	8
	1			2	5			
7	6				9			5

Dipladenia flava

31

★ ★

	6						7	
		2	4		9	5		
5			3		1			6
2	8		5		7		1	9
3	1		9		8		5	2
7			8		2			4
		1	6		4	3		
	4						8	

32

1		2					3	5
				2	3	4	8	
		7		4			6	9
	2				4			6
6		8	9		1	5		4
3			5				7	
4	6			9		8		
	9	5	3	1				
7	8					1		2

★ ★

33

	4				1	2		
1	5				6		8	3
7			9	5	2			1
	9				7	4		
4	2						1	5
		6	2				3	
8			3	4	9			2
9	7		1				6	8
		3	7				9	

34

		3	2	9	6	7		
1		6	7		3	8		4
	6	1	3		8	9	7	
	9						8	
	3	4	9		5	1	2	
3		9	5		7	2		8
		8	6	2	9	3		

35

		2	3			9	4	
			2	1			5	
7	3	8						1
3				6	4		9	5
	7		8		9		1	
4	8		5	3				2
1						5	7	6
	5			4	3			
	9	6			7	2		

36

9		4				2	7	
5	8			7	6			
3		1		5			9	
		6			8			4
	9	3	7		5	1	8	
2			1			3		
	4			1		5		3
			6	2			1	9
	2	7				8		6

37

	9	6	2					7
5					3	6		8
	1		5	9		3		
4	2	8	9	6				
		3				1		
				7	2	4	8	6
		4		8	5		7	
2		5	1					4
6					7	9	3	

38

	4			5	3		7	
		9			1	5		
1	5	2				6	3	9
		6			4		1	
2			7		9			6
	8		5			3		
9	6	7				8	2	3
		4	3			7		
	1		2	8			6	

39

2					8			7
5	8	7				4	2	9
		1		7	4	3		
		6	7					4
	5		3		2		9	
9					1	8		
		8	5	6		9		
3	2	9				5	4	6
1			4					3

40

6		4	2	3		7		
3					6		5	
9	1				4	6		
7				8		5	4	
	8		5		9		1	
	2	6		1				9
		7	9				3	5
	4		1					2
		9		2	5	8		4

Opuntia rafinesquii

41

		6	3	7	4			
		8	1		9			
		1		2		6	4	9
8			9		7		6	
	7	9				5	2	
	6		2		8			3
5	4	3		8		1		
			5		3	2		
			4	1	6	3		

42

8				7		3	5	
			9	4			7	2
9		1				6	8	
	6			2		4		
2		3	9		7	5		8
		5	3				1	
	4	2				9		1
3	8		4	1				
	5	7		3				6

43

4	9		5				3	2
8		3			6	7		5
7				4				9
			2	8	4	1		
		8				6		
	7	1	3	9				
9				5				1
1		2	7			5		4
5	8				1		2	6

44

		6		5	3		8	2
	7	3					9	
		5	6		1	4		
			1	8			5	6
4			9		6			1
7	6			3	2			
		4	2		7	9		
	8					2	7	
2	1		8	4		5		

45

6		8		1	5	2		
5	3	4	7					
	1			8		9		3
	4			9	1			
1	2						9	6
			8	6			4	
7		2		3			8	
					2	3	6	5
		9	4	5		7		1

46

	8			3	1			2
		1	2			5		4
4	3				9	7		
			9	7		4	5	6
2								8
5	9	6		4	3			
		4	7				2	3
1		9			8	6		
6			1	5			7	

★ ★

47

7	2				8			
		1			3	8		6
6				5	4	1	3	
8	1				7	2		
	7		9		6		4	
		5	8				1	9
	5	6	3	2				7
9		4	6			3		
			4				9	5

48

8						1	5	
4	7			8		6		9
			2	3	6			
5	2	7	1				8	
		1	6		2	4		
	9				8	2	3	1
			4	6	7			
2		6		1			9	8
	1	5						4

49

2		3	1			9		
		4			8		6	5
9				7	2		8	
7	3	9	5	4				
6								1
				8	3	4	7	9
	1		2	5				6
4	5		3			8		
		2			6	7		4

50

	5		2		3	6		
	2	1	8		9	5		
6				7			4	
1	7		6			8		
		3		8		1		
		4			5		2	9
	1			3				5
		7	9		8	3	6	
		6	1		4		9	

And the great elms o'erhead
Dark shadows wove on their
aërial looms,
Shot through with
golden thread.

Henry Wadsworth Longfellow

51

		8			3			
				1			4	5
2							6	
1					8	3		
8	2			6			1	7
		9	7					4
	4							9
6	1			2				
			5			7		

52

2			7		3			4
	6			4			9	
		9	6		5	2		
3	8						2	9
		6				8		
5	1						3	6
		7	8		9	1		
	4			3			6	
9			4		1			5

53

3								5
		6	9		2	7		
	8		3		1		9	
1			7	2	6			9
		4				8		
7			4	8	9			1
	3		2		4		1	
		2	8		7	5		
6								2

54

4			6			7		
	8	1	7				6	
	6					2		5
					7	1		
3								9
		8	3					
5		6					4	
	2				4	9	8	
		9			1			7

55

2	5						8	4
		8		5				
4		7				6		1
		9	4		6	7		
			5		2			
		1	9		3	8		
1		8				2		3
			1		7			
7	3						1	6

56

4			9	3				2
				2	8			
1								3
				1			6	4
7	1		3		6		5	8
9	5			8				
5								6
		9	1					
3				2	9			7

★ ★ ★

57

		4	2		1	5		
				4				
9			3		5			1
4		6	1		9	8		5
	8			7			1	
1		2	5		8	6		7
6			9		3			2
				8				
		3	6		2	7		

58

			3		1		7	
		9			7			
1		6		5				
					8	4	2	
		5		1		6		
	4	1	7					
				6		9		3
			9			1		
	8		1		2			

59

	3						1	
	1	8	7		5	4	2	
			8	1	2			
	4	9	1		6	7	8	
		7				2		
	8	2	4		7	9	6	
			9	7	4			
	9	4	5		3	1	7	
	5						4	

60

	8		3		1		9	
1		6		2		7		4
	5						3	
		5		4		6		
			9		2			
		8		3		5		
	4						5	
3		1		9		8		7
	2		7		4		6	

Iris nudicaulis

61

8			1		9			5
	1		5		2		3	
				4				
9	8		3		4		6	2
		4		7		5		
1	3		2		6		8	9
				2				
	9		6		7		2	
7			4		1			6

62

	7				4			
				2	3	9		1
						3		
1	3				8		5	
		9		3		2		
	6		7				3	8
		5						
3		1	4	9				
			6				8	

★ ★ ★

63

4		9				6		8
6			8		5			3
		7				2		
	3		5	7	4		8	
	7		2	9	1		6	
		3				8		
1			3		6			9
8		4				1		2

64

			2	5				3
3		1				5		
2		9	8			1		
6			5					
9	1						5	4
					8			1
		6			5	4		9
		5				2		8
7				2	3			

65

8	5			7	6			
2	9							
		7			2	4		
		2			3			
	7			8			1	
			4			9		
		3	6			1		
							8	2
			8	1			7	5

66

	5	6				3	1	
			3		2			
3		4				2		6
	2		8		4		9	
			7		5			
	1		9		6		3	
1		8				5		7
			1		7			
	4	3				8	2	

67

1	8			4				
3	6							
		4			3	5		
	7	3			5			
	4			6			2	
			9			7	6	
		9	1			2		
							8	3
				2			4	6

68

	3						5	
		5	1		7	9		
9			4		8			2
	9	2	8		6	1	7	
	7	8	9		3	2	6	
1			5		4			7
		4	6		2	3		
	6						4	

★ ★ ★

69

				8			5	
					6	8		9
			7		9	2		3
8		3	4		1	5		7
	5						2	
1		2	9		5	6		8
6		5	8		7			
2		4	6					
	7			4				

70

	9			6			3	
		1				5		
7			5		1			9
	6	7	3		8	4	5	
			7		6			
	3	8	2		5	1	7	
2			1		3			4
		4				6		
	7			8			2	

Tulipa orphanidea

★ ★ ★

4		7						1
	9			5		2		
5					6	3	9	
7	6				9			
			8				1	9
	5	1	4					6
		2		8			7	
3						1		4

72

8			8		1			
	7	4				5	9	
8		5				6		1
	9		5		7		2	
			1		6			
	8		2		3		4	
4		7				9		3
	6	3				4	8	
			4		9			

73

		2	5		1	3		
3								9
	7			4			2	
4	1		2		6		7	5
			7		9			
7	9		1		4		6	3
	8			9			1	
5								6
		7	6		5	8		

74

5		1		6	7	9		3
				1	9			
							7	
7				3			1	
3			1		2			4
	4			8				7
	2							
			8	9				
4		3	5	2		8		6

★ ★ ★

75

4	9						1	3
2		6		8		5		4
	4		6		7		8	
7								9
	2		9		4		5	
9		2		4		8		1
5	1						7	6

76

		9		5		4		
5		8	4		9	6		2
			3	6	8			
7								1
		4				9		
2								5
			7	1	5			
8		1	2		4	5		3
		2		3		7		

77

	9	2		6				
		8		3	2		4	
			1					3
1			5					
		6		9		7		
					3			8
5					4			
	7		6	5		9		
				7		6	2	

78

3				6				
	5	1	3		7			
	6	8			1			
	8	2	5		9	7	1	
5								8
	4	7	2		6	3	5	
			1			9	7	
			9		3	4	8	
			7					5

79

4			7		2			8
		6		8		9		
	9		6		1		4	
2		3				4		9
	6						3	
1		5				2		6
	7		3		9		5	
		8		2		6		
9			8		5			1

80

6			3		1			2
	3						1	
5	4			8			6	7
			8		7			
	1						4	
			4		2			
4	9			2			8	3
	7						9	
8			9		4			6

Nolana lanceolata

81

			6					1
	8	3	5	9				
	5							
5		4			1			7
	9			5			8	
2			4			3		5
							2	
			8	6		5	3	
4				7				

82

	4					5		
1			3					
				6		7	9	
8					2		7	
	1	7		9		6	2	
	5		1					4
	3	5		7				
					8			2
		9					6	

★ ★ ★

83

				9		6		5
	8				3		9	
						3		7
7	4		1					
2				7				9
					8		3	4
5		3						
	2		6				1	
9		7		2				

84

	6	4				5	2	
1			4	5		9	8	
				2				
			6			7		9
9								6
8		6			7			
				6				
	7	5		3	2			8
	9	3				2	6	

85

★ ★ ★

	9		8		1		5	
1		8				7		4
	5						2	
5				4				7
	4		7		2		6	
2				6				3
	7						3	
6		2				8		9
	3		9		8		1	

86

	1							5
				8			2	9
		4			6			
		3	7				9	
1	4			5			7	8
	8				4	6		
			2			7		
8	5			1				
9							3	

87

4					5	3	9	
5		3						6
	8			7		2		
			1				4	8
1	3				7			
		2		9			1	
3						8		5
	1	6	4					9

88

8	4						1	6
	2						9	
7			5		8			4
		4	3	1	2	9		
		8	6	9	5	7		
1			4		7			3
	8						7	
2	3						6	8

★ ★ ★

89

3					4		5	6
	5				1	8		
	7	2						4
					8		1	
		9				5		
	6		9					
7						2	3	
		4	7				8	
6	1		8					7

90

5	8			3			4	9
	6		4		9		5	
9								7
			7		5			
4								1
			3		4			
1								8
	3		1		8		6	
6	7			5			2	4

Behold, my brothers, the
spring has come; the earth
has received the embraces
of the sun and we shall soon
see the results of that love!
Every seed has awakened
and so has all animal life.

Sitting Bull

91

9			8					1
	5	6		9				
	4	8						
					2		4	7
	9			4			3	
8	7		1					
						8	5	
				3		4	9	
2					6			3

92

		5	8		2	9		
6				7				4
	8		1		4		2	
2		6				1		5
	1						9	
7		9				3		8
	9		6		7		8	
3				8				2
		2	5		1	4		

★ ★ ★

93

5								3
	8		1		3		4	
	3	4		7		9	1	
		3		5		6		
			2		9			
		7		6		3		
	7	5		8		1	6	
	9		3		6		8	
2								9

94

	7	9		5				
	8	1						
5			2					6
					4	3		8
		5		7		9		
3		7	6					
4					8			9
						7	8	
				9		1	2	

95

			3	5	1			
3		2	4		8	7		5
1				2				8
		5				1		
9								4
		3				8		
4				3				9
6		8	9		4	3		7
			7	6	2			

96

8		6	7		1			
	7			6				
4		5	2		8			
1		4	9		7	2		
	8						3	
		2	3		4	8		1
			8		9	1		6
				7			2	
			5		6	7		3

97

	5						4	
8		7				6		3
	2		8		7		5	
5				3				6
	3		4		6		1	
4				1				9
	9		7		2		8	
1		4				7		2
	6						9	

98

	5		8				9	
4		7	1	5				
8		3						
				9			3	
		5		4		2		
	8		6					
						4		8
			2	4		5		7
	6			1		2		

99

		7		3		6		
	4		6		5		8	
5			1		8			2
	7	3				5	4	
1								7
	8	9				1	3	
9			7		4			8
	6		2		3		9	
		8		6		7		

100

7		5	2					
4			7					
			4		3		8	
			1				6	4
2				4				9
6	3				8			
	1		5		4			
					1			7
				9		4		2

Crocus byzantinus

101

9				7					8
	6			4		8		2	
		4		2		5	3		
1	2							7	5
		5					9		
7	9							6	4
		1		6		9	2		
	8			7		3		1	
2					8				9

102

						5				4
	7							2		
	3	6			8					
		3		1						9
	8	1			6			4	3	
2						4	7			
					3			5	7	
		8							6	
1				9						

103

				7				
		9	3		2	8		
4			8		9			7
5		4	6		3	7		8
	3			9			1	
6		2	7		8	4		5
2			1		7			6
		5	2		4	1		
				3				

104

8			1		9			3
	1		5		8		9	
			6					
9	7		2		6		3	1
		6		3		7		
1	4		7		5		2	6
				4				
	5		8		2		7	
4			9		7			2

105

	2		1		9		8	
3			5		7			9
		7				6		
		8	9	3	4	5		
	4						3	
		5	2	1	8	9		
		2				1		
7			4		1			5
	1		8		3		6	

106

8			5		9			
			6			5		
				3		6	2	
7		5	4					
		1		5		3		
					8	7		9
	5	3		1				
		6			4			
			2		5			4

★ ★ ★

107

6		3	7		8	1		4
			2	3	1			
		7		4		2		
2								3
		8				9		
7								1
		9		1		8		
			4	5	6			
1		6	8		9	5		7

108

2			7		8			5
3	6			5			9	8
		4				2		
	3			8			7	
			4		2			
	7			6			8	
		6				7		
7	1			3			2	9
5			9		7			1

109

★ ★ ★

				3		7	8	
9			8		5			
			9			1		
4		6	2					
		7		8		3		
					9	8		6
		8			1			
			4		8			2
	5	1		7				

110

	4						3	
3			6		8			2
7		5		2		9		6
		7		6		8		
			3		4			
		8		5		6		
8		1		7		3		9
2			8		9			1
	5						8	

A tree which has lost its head
will never recover it again,
and will survive only as a
monument of the ignorance
and folly of its Tormentor.

George William Curtis

★ ★ ★ ★

111

		7	4					
3	8				1			2
		2	5				7	
6	9		7	5				
			8	4			2	6
	4				6	2		
5			1				4	8
				5	6			

112

	1	9			5			
	5		3	6				
						6		
		8		3				7
		4	2		1	6		
9				4		8		
	4							
			2	7		1		
			4			2	5	

113

					2	9		7
		7			8			
	8	4		6			2	
		1			9	3		8
5								2
8		2	6			7		
	1			9		6	4	
			3			8		
6		5	1					

114

			7			3		
	3		2			7	4	
		1		8				6
			6			8		4
	4						9	
5		7			3			
3				9		4		
	9	6			2		8	
		5			1			

115

8	3					4		
					7			
	1		5	4				
7				8			3	
1			9		6			4
	9			1				6
				9	5		2	
			2					
		9					8	3

116

8					4			7
6					7	3		
	4	7						
2			3			1	6	
			1		8			
	1	4			6			2
						7	3	
		6	5					8
1			4					9

117

7		9			5			
	3	8			2		4	
			7			3		9
4						2	5	
	5	3						7
2		4		3				
	9		6			4	8	
			1			6		2

118

8							2	5
		6		9				4
			1				7	
		9		6		2		
			7		1			
		3		5		1		
	6				7			
4				8		6		
2	5							9

119

7					4			
	5	3			6			4
	4			9			6	
			3			2	8	
6								9
	8	5			7			
	3			4			9	
2			5			1	7	
			1					3

120

3					7			9
8					5		1	
	2	4						
	9	1			4			6
			8		9			
6			1			9	7	
						7	2	
	4		2					1
2			7					8

Scorzonera undulata

121

	4		9			8		
							5	7
		1	3			2		
		6	7				1	4
			1		8			
1	3					4	6	
		8				3	5	
3	5							
		4			5		7	

122

			4		6		1	
1		8						
	3	5				7		
9				2				
	7		1		8		4	
				9				2
		4				8	3	
						5		9
	1		5		2			

★ ★ ★ ★

123

4			7		9	5	8	
9			8	6				
		6				1		
6	8		4					
		5				4		
					5		7	3
		8				3		
				2	8			5
	9	1	3		6			2

124

	4		6				8	
	1		8					5
8		6						
6		9	1				3	
			4		9			
	3				5	1		9
						5		8
1					2		4	
	9				6		7	

125

8	3			1				
					2		3	7
		6			7	5		8
1		9					4	
	8					9		3
5		1	3			8		
6	4		9					
				4			6	1

126

		3						7
					4			
			8	9	5			
	1	7						
		8		6		2		
						9	4	
			1	2	3			
			7					
9						5		

127

	6		2		9	1		3
		2				8		
	5			6	8			
			4				9	8
		4				5		
7	2				5			
			8	9			3	
		1				9		
8		5	7		3		4	

128

				7			9	
						3	1	
					4		8	7
9		6	1			4		
3			8		2			5
		8			3	7		9
8	6		2					
	3	5						
	1			6				

129

			7	6			2	
					2			
		6					4	9
	6			1				8
1			8		6			3
5				4			9	
4	9					3		
			5					
	1			3	7			

130

		8		6				
	7	6	2					
3		5						
7					5		1	9
	5		7		2		3	
6	1		8					4
						8		5
					4	7	9	
				9		1		

A garden to walk in and
immensity to dream in—
what more could he ask?
A few flowers at his feet
and above him the stars.

Victor hugo

131

				9		7		1
1	2		6				5	
6		7	3					
7	8					1		
		4					8	9
					8	4		5
	1				7		9	2
9		5		4				

132

			1				3	4
3	8			4				
		6	9			8	2	
	9	1						6
4						1	8	
	6	2			5	3		
				8			6	9
9	5				7			

133

	1				2			
		5		8				1
	9	7				6		
6				1				7
			2		3			
4				9				3
		8				9	7	
1				6		5		
			3				2	

134

					9			
			1					
		3	5	4				
8	6					3		
	9			7		2		
	4					1	5	
			2	9	6			
				8				
		5						

135

7	2	3						
		1		6	7			
	5		4		1			
			2	3		9		
1								8
		4		9	5			
			8		3		6	
			7	5		3		
						8	5	2

136

| 4 | | 7 | | 5 | | | | |

4		7		5				

			4		7		5	
						7	9	8
				9	2	4		
				4	8	3		
1								7
		6	9	3				
		1	2	5				
2	8	4						
	9		1		6			

★ ★ ★ ★

137

3					8		7	2
	7	9		6				
					1	9	8	
5	6					4		
		7					9	5
	3	4	5					
				4		3	6	
6	2		9					7

138

					7			9
	6	3		8		2		
		2					1	
7			8		5			
		8		6		4		
			9		4			2
	4					6		
		7		4		8	3	
5			1					

139

						9	5	3
			6		9			1
			3	8	6	6		
				6	5	7		
	2						9	
		4	3	7				
		2	8	1				
3			2		4			
5	8	6						

140

2								
			2				4	3
				4	7			6
	1			8		7		
	2		4		6		5	
		9		2			1	
3			8	5				
6	9				3			
								5

Amaryllis pardina

141

				5			2	8
	3						4	9
	6	4						
			1			4		
7				2				5
		9			6			
					3	1		
2	4						7	
5	8			7				

142

			5			9		
8	3			2		1	7	
	4							
		1	6					
	2			4			3	
					9	7		
							1	
	1	7		3			8	4
		6			7			

143

		8						
	2	4		5				
		1			9			7
			1					6
		5		8		3		
9					7			
1			2			7		
				3		5	8	
						4		

144

			7			1		
9	4			3				
2	8						3	
		6	5					
3				2				9
					1	8		
	7						8	6
				9			2	4
		5			8			

145

8		9		2				
	2			3	5		6	
7								
			4				3	
2				7				1
	5				6			
								8
	4		9	8			1	
				1		7		2

146

				8		7	1	
	8					3	9	
6					5			
					4			2
		7		3		8		
9			6					
			9					4
	9	2					5	
	3	1		7				

147

		2						9
3				1	8		7	
		4			2			
			6					
7								8
					4			
			5			6		
	3		7	9				5
1						2		

148

						8		
4					9			
2		5		1		3	6	
5			4					
		3		8		1		
					7			2
	8	6		3		2		5
			5					7
		2						

149

			1			5		
	7							
8	9			4				
		1	5		3			
	4			7			3	
			4		6	2		
				3			4	7
							9	
		6			8			

150

				9		2		1
	7		5	3			9	
								4
			7				5	
8				4				9
	3				6			
1								
	8			1	2		6	
9		4		8				

I do not count the hours I spend
In wandering by the sea;
The forest is my loyal friend,
A Delphic shrine to me.

Ralph Waldo Emerson

151

2						7	8	
				9				
	6		1		3			
8								
		3		5		9		
								6
			2		8		4	
				6				
	5	7						1

152

						9		
5	1			4			6	3
2		8			9			
3					2	5		
			8		7			
		4	1					6
			3			1		4
1	5			8			2	9
		7						

★ ★ ★ ★ ★

153

		4						6
7					9			
				3				1
		3				9		
	2			6			4	
		8				7		
1				2				
			4					8
9						5		

154

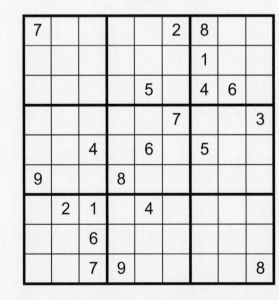

7					2	8		
						1		
				5		4	6	
					7			3
		4		6		5		
9			8					
	2	1		4				
		6						
		7	9					8

155

				5		1	2	
							9	
4				9	3			
					6			3
2	8			1			5	7
9			4					
			7	3				6
	1							
	5	2		8				

156

3				7		2		
							8	
		7	6		1			9
	9			5	3	6		2
6		2	9	4			3	
9			2		5	1		
	8							
		4		9				6

★ ★ ★ ★ ★

157

		6		1			8	
	4							
						5		7
5	1				9			
	2						6	
			7				4	8
9		5						
							3	
	3			4		2		

158

7					4			
				1		8	2	7
						9		
3			7					
		8		9		1		
					6			5
		5						
6	9	2		8				
			3					6

159

9		1						8
			9				6	
3		4	7					
					6	1		
		7		3		2		
	9		5					
				2		7		4
	5				8			
2						3		9

160

1			9					4
							6	
				4		5	7	
6					1			
7	3			5			4	8
			2					9
	4	7		3				
	5							
3					8			2

Ipomoea alatipes

Solutions

SOLUTIONS

1

1	3	7	6	5	4	2	9	8
6	8	5	7	9	2	3	1	4
2	9	4	8	3	1	5	7	6
7	4	3	2	1	9	6	8	5
9	6	1	3	8	5	7	4	2
8	5	2	4	7	6	1	3	9
5	1	6	9	4	7	8	2	3
3	7	9	5	2	8	4	6	1
4	2	8	1	6	3	9	5	7

2

8	5	2	3	7	4	6	9	1
9	1	7	6	5	2	8	4	3
6	3	4	8	9	1	5	7	2
3	9	1	5	4	7	2	6	8
4	8	5	9	2	6	1	3	7
7	2	6	1	8	3	4	5	9
1	4	8	7	6	9	3	2	5
2	7	3	4	1	5	9	8	6
5	6	9	2	3	8	7	1	4

3

5	2	6	8	4	9	1	3	7
3	8	9	2	7	1	6	5	4
1	4	7	6	3	5	8	9	2
9	1	2	7	6	3	4	8	5
4	5	3	9	2	8	7	1	6
6	7	8	5	1	4	3	2	9
8	9	1	4	5	6	2	7	3
7	6	5	3	8	2	9	4	1
2	3	4	1	9	7	5	6	8

4

2	3	8	5	1	4	6	7	9
7	1	4	3	6	9	8	2	5
9	6	5	2	7	8	4	1	3
6	9	3	4	2	1	7	5	8
8	5	7	9	3	6	2	4	1
1	4	2	7	8	5	3	9	6
3	2	1	6	9	7	5	8	4
4	7	9	8	5	3	1	6	2
5	8	6	1	4	2	9	3	7

5

9	3	4	7	1	5	8	6	2
1	6	7	2	8	9	3	5	4
2	8	5	4	6	3	9	7	1
6	4	3	1	9	2	7	8	5
8	2	9	6	5	7	1	4	3
5	7	1	8	3	4	6	2	9
7	1	2	3	4	6	5	9	8
3	5	6	9	2	8	4	1	7
4	9	8	5	7	1	2	3	6

6

4	3	1	6	8	5	2	7	9
2	8	9	7	1	3	6	4	5
7	5	6	2	4	9	3	1	8
3	9	7	1	6	8	4	5	2
5	4	8	9	7	2	1	6	3
1	6	2	5	3	4	8	9	7
8	7	4	3	9	1	5	2	6
6	1	5	8	2	7	9	3	4
9	2	3	4	5	6	7	8	1

SOLUTIONS

7

7	5	4	6	2	1	8	3	9
8	1	9	3	5	7	4	6	2
3	6	2	4	8	9	7	5	1
2	7	3	1	9	4	5	8	6
5	8	1	2	7	6	9	4	3
4	9	6	5	3	8	1	2	7
9	3	5	7	4	2	6	1	8
6	2	8	9	1	5	3	7	4
1	4	7	8	6	3	2	9	5

8

1	3	5	8	6	7	2	4	9
4	8	7	2	5	9	1	3	6
2	9	6	4	1	3	7	5	8
7	2	4	5	8	6	9	1	3
8	1	9	3	7	2	5	6	4
6	5	3	1	9	4	8	2	7
5	4	2	7	3	8	6	9	1
3	6	8	9	2	1	4	7	5
9	7	1	6	4	5	3	8	2

9

9	4	7	6	3	8	2	5	1
5	3	6	1	2	9	4	8	7
8	1	2	5	7	4	6	9	3
1	9	5	3	6	2	7	4	8
2	6	4	8	5	7	3	1	9
7	8	3	9	4	1	5	2	6
6	7	9	4	1	5	8	3	2
3	5	8	2	9	6	1	7	4
4	2	1	7	8	3	9	6	5

10

2	8	4	7	5	3	6	9	1
6	1	3	8	4	9	2	5	7
5	7	9	6	2	1	8	3	4
9	3	8	2	6	4	7	1	5
1	2	7	9	8	5	4	6	3
4	5	6	1	3	7	9	2	8
7	6	2	3	1	8	5	4	9
3	9	5	4	7	6	1	8	2
8	4	1	5	9	2	3	7	6

11

5	3	1	4	9	2	7	6	8
7	4	2	6	8	3	9	5	1
6	9	8	5	7	1	4	3	2
9	2	6	1	3	8	5	7	4
3	1	5	7	2	4	8	9	6
8	7	4	9	5	6	1	2	3
4	5	3	8	6	9	2	1	7
1	6	7	2	4	5	3	8	9
2	8	9	3	1	7	6	4	5

12

7	9	3	5	1	8	4	2	6
2	4	6	3	7	9	8	5	1
8	5	1	2	4	6	7	3	9
6	1	2	7	9	4	3	8	5
9	3	4	6	8	5	1	7	2
5	8	7	1	2	3	6	9	4
1	2	8	4	5	7	9	6	3
4	6	9	8	3	2	5	1	7
3	7	5	9	6	1	2	4	8

SOLUTIONS

13

2	7	8	4	5	9	1	3	6
4	9	6	8	1	3	7	2	5
5	1	3	7	6	2	9	8	4
7	5	2	6	8	1	3	4	9
9	8	4	5	3	7	6	1	2
3	6	1	9	2	4	8	5	7
8	4	7	1	9	5	2	6	3
6	3	5	2	7	8	4	9	1
1	2	9	3	4	6	5	7	8

14

4	5	8	3	2	1	7	9	6
1	2	6	8	7	9	4	3	5
9	3	7	5	4	6	1	2	8
7	1	9	2	6	3	5	8	4
6	4	5	9	8	7	3	1	2
3	8	2	4	1	5	9	6	7
5	6	4	1	9	2	8	7	3
8	7	1	6	3	4	2	5	9
2	9	3	7	5	8	6	4	1

15

5	6	1	9	4	8	3	7	2
7	9	8	5	2	3	4	1	6
4	2	3	7	6	1	8	5	9
6	4	2	1	7	5	9	3	8
3	8	7	4	9	6	1	2	5
1	5	9	8	3	2	6	4	7
8	3	5	6	1	7	2	9	4
2	7	4	3	8	9	5	6	1
9	1	6	2	5	4	7	8	3

16

8	6	5	3	2	7	1	9	4
9	1	2	5	6	4	7	8	3
4	7	3	9	8	1	6	2	5
2	9	6	8	3	5	4	7	1
7	3	4	2	1	9	5	6	8
1	5	8	7	4	6	9	3	2
6	8	1	4	7	2	3	5	9
5	2	7	1	9	3	8	4	6
3	4	9	6	5	8	2	1	7

17

7	5	6	8	9	1	4	3	2
9	1	4	2	3	7	5	6	8
2	8	3	4	5	6	1	7	9
6	4	2	9	8	5	7	1	3
5	9	7	3	1	2	6	8	4
1	3	8	7	6	4	9	2	5
8	6	9	1	4	3	2	5	7
4	7	1	5	2	8	3	9	6
3	2	5	6	7	9	8	4	1

18

2	5	8	1	9	7	6	3	4
3	4	9	8	5	6	2	1	7
6	7	1	4	3	2	5	9	8
7	3	4	9	1	5	8	6	2
1	2	5	6	8	3	4	7	9
9	8	6	7	2	4	1	5	3
4	1	2	3	6	9	7	8	5
8	9	7	5	4	1	3	2	6
5	6	3	2	7	8	9	4	1

SOLUTIONS

19

4	5	7	3	9	6	8	2	1
3	6	8	1	2	5	7	9	4
2	9	1	8	4	7	6	5	3
8	2	5	4	1	9	3	6	7
7	3	9	6	8	2	1	4	5
1	4	6	7	5	3	9	8	2
6	1	4	2	3	8	5	7	9
5	7	2	9	6	1	4	3	8
9	8	3	5	7	4	2	1	6

20

9	5	8	6	4	2	1	7	3
6	2	7	1	5	3	8	9	4
3	1	4	7	9	8	2	6	5
2	8	9	4	1	5	6	3	7
4	7	5	8	3	6	9	1	2
1	3	6	9	2	7	4	5	8
5	9	2	3	8	1	7	4	6
8	6	1	5	7	4	3	2	9
7	4	3	2	6	9	5	8	1

21

5	1	2	9	4	7	8	6	3
7	4	8	3	6	2	5	1	9
3	6	9	8	1	5	7	4	2
6	2	4	5	7	9	3	8	1
9	3	7	1	2	8	6	5	4
8	5	1	4	3	6	9	2	7
4	8	3	7	5	1	2	9	6
1	9	6	2	8	3	4	7	5
2	7	5	6	9	4	1	3	8

22

9	8	5	4	7	3	2	1	6
2	6	7	5	8	1	4	9	3
1	3	4	2	6	9	5	7	8
5	4	3	1	9	2	8	6	7
8	1	2	6	3	7	9	5	4
7	9	6	8	5	4	3	2	1
3	7	8	9	2	6	1	4	5
6	2	1	3	4	5	7	8	9
4	5	9	7	1	8	6	3	2

23

9	2	1	4	5	6	3	8	7
4	8	3	9	7	1	2	5	6
7	6	5	3	8	2	4	9	1
5	9	6	1	3	4	7	2	8
2	1	8	7	9	5	6	4	3
3	7	4	2	6	8	9	1	5
6	4	2	8	1	3	5	7	9
1	5	7	6	4	9	8	3	2
8	3	9	5	2	7	1	6	4

24

4	1	7	6	5	9	3	2	8
2	9	3	1	8	7	4	6	5
5	6	8	3	2	4	9	1	7
6	7	5	9	1	8	2	4	3
9	8	1	2	4	3	5	7	6
3	4	2	5	7	6	1	8	9
8	3	6	4	9	1	7	5	2
7	5	4	8	3	2	6	9	1
1	2	9	7	6	5	8	3	4

SOLUTIONS

25

6	4	8	7	2	3	5	9	1
5	1	2	9	6	4	7	3	8
9	7	3	8	1	5	2	6	4
7	8	5	3	4	6	9	1	2
3	2	1	5	9	7	8	4	6
4	6	9	2	8	1	3	5	7
2	9	6	1	5	8	4	7	3
1	5	7	4	3	2	6	8	9
8	3	4	6	7	9	1	2	5

26

3	1	6	4	8	7	2	9	5
9	4	8	2	5	6	1	7	3
7	5	2	9	1	3	4	6	8
2	6	7	3	9	8	5	4	1
4	8	5	1	7	2	9	3	6
1	9	3	6	4	5	8	2	7
8	3	4	5	6	9	7	1	2
5	2	9	7	3	1	6	8	4
6	7	1	8	2	4	3	5	9

27

4	5	1	9	6	2	3	7	8
7	2	9	8	1	3	4	6	5
6	8	3	5	4	7	2	9	1
9	1	8	6	2	5	7	4	3
5	6	7	3	8	4	9	1	2
3	4	2	1	7	9	8	5	6
8	7	5	2	9	1	6	3	4
2	3	4	7	5	6	1	8	9
1	9	6	4	3	8	5	2	7

28

1	9	3	2	8	6	5	7	4
6	4	5	9	3	7	1	8	2
7	2	8	4	1	5	9	3	6
8	6	7	1	9	4	2	5	3
5	1	4	3	7	2	8	6	9
9	3	2	5	6	8	7	4	1
3	7	6	8	2	9	4	1	5
4	8	9	6	5	1	3	2	7
2	5	1	7	4	3	6	9	8

29

1	5	3	9	6	2	7	8	4
8	7	4	1	3	5	6	2	9
6	2	9	8	4	7	1	3	5
3	8	1	7	5	6	4	9	2
5	4	6	2	9	1	3	7	8
2	9	7	3	8	4	5	6	1
4	6	2	5	7	9	8	1	3
7	1	8	4	2	3	9	5	6
9	3	5	6	1	8	2	4	7

30

5	9	6	4	1	2	8	7	3
2	8	7	9	6	3	5	1	4
1	4	3	5	8	7	2	6	9
4	3	5	2	9	1	6	8	7
6	2	9	7	5	8	3	4	1
8	7	1	6	3	4	9	5	2
3	5	2	1	7	6	4	9	8
9	1	4	8	2	5	7	3	6
7	6	8	3	4	9	1	2	5

SOLUTIONS

31

4	6	3	2	8	5	9	7	1
1	7	2	4	6	9	5	3	8
5	9	8	3	7	1	4	2	6
2	8	4	5	3	7	6	1	9
9	5	7	1	2	6	8	4	3
3	1	6	9	4	8	7	5	2
7	3	5	8	9	2	1	6	4
8	2	1	6	5	4	3	9	7
6	4	9	7	1	3	2	8	5

32

1	4	2	6	8	9	7	3	5
9	5	6	7	2	3	4	8	1
8	3	7	1	4	5	2	6	9
5	2	9	8	7	4	3	1	6
6	7	8	9	3	1	5	2	4
3	1	4	5	6	2	9	7	8
4	6	1	2	9	7	8	5	3
2	9	5	3	1	8	6	4	7
7	8	3	4	5	6	1	9	2

33

6	4	9	8	3	1	2	5	7
1	5	2	4	7	6	9	8	3
7	3	8	9	5	2	6	4	1
3	9	1	5	8	7	4	2	6
4	2	7	6	9	3	8	1	5
5	8	6	2	1	4	7	3	9
8	6	5	3	4	9	1	7	2
9	7	4	1	2	5	3	6	8
2	1	3	7	6	8	5	9	4

34

4	8	3	2	9	6	7	5	1
9	5	7	4	8	1	6	3	2
1	2	6	7	5	3	8	9	4
2	6	1	3	4	8	9	7	5
7	9	5	1	6	2	4	8	3
8	3	4	9	7	5	1	2	6
3	4	9	5	1	7	2	6	8
6	7	2	8	3	4	5	1	9
5	1	8	6	2	9	3	4	7

35

5	1	2	3	7	6	9	4	8
9	6	4	2	1	8	3	5	7
7	3	8	4	9	5	6	2	1
3	2	1	7	6	4	8	9	5
6	7	5	8	2	9	4	1	3
4	8	9	5	3	1	7	6	2
1	4	3	9	8	2	5	7	6
2	5	7	6	4	3	1	8	9
8	9	6	1	5	7	2	3	4

36

9	6	4	3	8	1	2	7	5
5	8	2	9	7	6	4	3	1
3	7	1	4	5	2	6	9	8
7	1	6	2	3	8	9	5	4
4	9	3	7	6	5	1	8	2
2	5	8	1	4	9	3	6	7
6	4	9	8	1	7	5	2	3
8	3	5	6	2	4	7	1	9
1	2	7	5	9	3	8	4	6

SOLUTIONS

37

3	9	6	2	4	8	5	1	7
5	4	2	7	1	3	6	9	8
8	1	7	5	9	6	3	4	2
4	2	8	9	6	1	7	5	3
7	6	3	8	5	4	1	2	9
1	5	9	3	7	2	4	8	6
9	3	4	6	8	5	2	7	1
2	7	5	1	3	9	8	6	4
6	8	1	4	2	7	9	3	5

38

6	4	8	9	5	3	1	7	2
3	7	9	6	2	1	5	4	8
1	5	2	4	7	8	6	3	9
7	9	6	8	3	4	2	1	5
2	3	5	7	1	9	4	8	6
4	8	1	5	6	2	3	9	7
9	6	7	1	4	5	8	2	3
8	2	4	3	9	6	7	5	1
5	1	3	2	8	7	9	6	4

39

2	4	3	9	5	8	1	6	7
5	8	7	1	3	6	4	2	9
6	9	1	2	7	4	3	5	8
8	1	6	7	9	5	2	3	4
7	5	4	3	8	2	6	9	1
9	3	2	6	4	1	8	7	5
4	7	8	5	6	3	9	1	2
3	2	9	8	1	7	5	4	6
1	6	5	4	2	9	7	8	3

40

6	5	4	2	3	1	7	9	8
3	7	2	8	9	6	4	5	1
9	1	8	7	5	4	6	2	3
7	9	1	3	8	2	5	4	6
4	8	3	5	6	9	2	1	7
5	2	6	4	1	7	3	8	9
2	6	7	9	4	8	1	3	5
8	4	5	1	7	3	9	6	2
1	3	9	6	2	5	8	7	4

41

2	9	6	3	7	4	8	1	5
4	5	8	1	6	9	7	3	2
7	3	1	8	2	5	6	4	9
8	2	5	9	3	7	4	6	1
3	7	9	6	4	1	5	2	8
1	6	4	2	5	8	9	7	3
5	4	3	7	8	2	1	9	6
6	1	7	5	9	3	2	8	4
9	8	2	4	1	6	3	5	7

42

8	2	4	6	7	1	3	5	9
5	3	6	8	9	4	1	7	2
9	7	1	5	2	3	6	8	4
7	6	8	1	5	2	4	9	3
2	1	3	9	4	7	5	6	8
4	9	5	3	6	8	2	1	7
6	4	2	7	8	5	9	3	1
3	8	9	4	1	6	7	2	5
1	5	7	2	3	9	8	4	6

SOLUTIONS

43

4	9	6	5	8	7	1	3	2
8	2	3	9	1	6	7	4	5
7	1	5	2	4	3	8	6	9
3	5	9	6	2	8	4	1	7
2	4	8	1	7	5	6	9	3
6	7	1	3	9	4	2	5	8
9	6	4	8	5	2	3	7	1
1	3	2	7	6	9	5	8	4
5	8	7	4	3	1	9	2	6

44

9	4	6	7	5	3	1	8	2
1	7	3	4	2	8	6	9	5
8	2	5	6	9	1	4	3	7
3	9	2	1	8	4	7	5	6
4	5	8	9	7	6	3	2	1
7	6	1	5	3	2	8	4	9
5	3	4	2	6	7	9	1	8
6	8	9	3	1	5	2	7	4
2	1	7	8	4	9	5	6	3

45

6	9	8	3	1	5	2	7	4
5	3	4	7	2	9	6	1	8
2	1	7	6	8	4	9	5	3
8	4	6	2	9	1	5	3	7
1	2	3	5	4	7	8	9	6
9	7	5	8	6	3	1	4	2
7	5	2	1	3	6	4	8	9
4	8	1	9	7	2	3	6	5
3	6	9	4	5	8	7	2	1

46

7	8	5	4	3	1	9	6	2
9	6	1	2	8	7	5	3	4
4	3	2	5	6	9	7	8	1
3	1	8	9	7	2	4	5	6
2	4	7	6	1	5	3	9	8
5	9	6	8	4	3	2	1	7
8	5	4	7	9	6	1	2	3
1	7	9	3	2	8	6	4	5
6	2	3	1	5	4	8	7	9

47

7	2	3	1	6	8	9	5	4
5	4	1	2	9	3	8	7	6
6	9	8	7	5	4	1	3	2
8	1	9	5	4	7	2	6	3
3	7	2	9	1	6	5	4	8
4	6	5	8	3	2	7	1	9
1	5	6	3	2	9	4	8	7
9	8	4	6	7	5	3	2	1
2	3	7	4	8	1	6	9	5

48

8	6	2	9	7	4	1	5	3
4	7	3	5	8	1	6	2	9
1	5	9	2	3	6	8	4	7
5	2	7	1	4	3	9	8	6
3	8	1	6	9	2	4	7	5
6	9	4	7	5	8	2	3	1
9	3	8	4	6	7	5	1	2
2	4	6	3	1	5	7	9	8
7	1	5	8	2	9	3	6	4

SOLUTIONS

49

2	8	3	1	6	5	9	4	7
1	7	4	9	3	8	2	6	5
9	6	5	4	7	2	1	8	3
7	3	9	5	4	1	6	2	8
6	4	8	7	2	9	5	3	1
5	2	1	6	8	3	4	7	9
8	1	7	2	5	4	3	9	6
4	5	6	3	9	7	8	1	2
3	9	2	8	1	6	7	5	4

50

7	5	9	2	4	3	6	1	8
4	2	1	8	6	9	5	7	3
6	3	8	5	7	1	9	4	2
1	7	5	6	9	2	8	3	4
2	9	3	4	8	7	1	5	6
8	6	4	3	1	5	7	2	9
9	1	2	7	3	6	4	8	5
5	4	7	9	2	8	3	6	1
3	8	6	1	5	4	2	9	7

51

4	5	8	6	9	3	1	7	2
7	3	6	8	1	2	9	4	5
2	9	1	4	7	5	8	6	3
1	7	4	2	5	8	3	9	6
8	2	3	9	6	4	5	1	7
5	6	9	7	3	1	2	8	4
3	4	5	1	8	7	6	2	9
6	1	7	3	2	9	4	5	8
9	8	2	5	4	6	7	3	1

52

2	5	1	7	9	3	6	8	4
8	6	3	1	4	2	5	9	7
4	7	9	6	8	5	2	1	3
3	8	4	5	1	6	7	2	9
7	9	6	3	2	4	8	5	1
5	1	2	9	7	8	4	3	6
6	3	7	8	5	9	1	4	2
1	4	5	2	3	7	9	6	8
9	2	8	4	6	1	3	7	5

53

3	4	9	6	7	8	1	2	5
5	1	6	9	4	2	7	3	8
2	8	7	3	5	1	6	9	4
1	5	8	7	2	6	3	4	9
9	2	4	1	3	5	8	7	6
7	6	3	4	8	9	2	5	1
8	3	5	2	6	4	9	1	7
4	9	2	8	1	7	5	6	3
6	7	1	5	9	3	4	8	2

54

4	3	5	6	1	2	7	9	8
2	8	1	7	9	5	4	6	3
9	6	7	4	8	3	2	1	5
6	9	2	8	5	7	1	3	4
3	5	4	1	2	6	8	7	9
1	7	8	3	4	9	5	2	6
5	1	6	9	7	8	3	4	2
7	2	3	5	6	4	9	8	1
8	4	9	2	3	1	6	5	7

SOLUTIONS

55

2	5	3	7	6	1	9	8	4
9	1	6	8	4	5	3	2	7
4	8	7	3	2	9	6	5	1
8	2	9	4	1	6	7	3	5
3	7	4	5	8	2	1	6	9
5	6	1	9	7	3	8	4	2
1	9	8	6	5	4	2	7	3
6	4	2	1	3	7	5	9	8
7	3	5	2	9	8	4	1	6

56

4	8	5	9	3	1	6	7	2
6	7	3	4	5	2	8	1	9
1	9	2	6	7	8	5	4	3
2	3	8	7	1	5	9	6	4
7	1	4	3	9	6	2	5	8
9	5	6	2	8	4	7	3	1
5	2	7	8	4	3	1	9	6
8	4	9	1	6	7	3	2	5
3	6	1	5	2	9	4	8	7

57

7	3	4	2	9	1	5	6	8
5	6	1	8	4	7	9	2	3
9	2	8	3	6	5	4	7	1
4	7	6	1	2	9	8	3	5
3	8	5	4	7	6	2	1	9
1	9	2	5	3	8	6	4	7
6	4	7	9	5	3	1	8	2
2	1	9	7	8	4	3	5	6
8	5	3	6	1	2	7	9	4

58

4	5	8	3	9	1	2	7	6
2	3	9	6	8	7	5	1	4
1	7	6	2	5	4	3	9	8
6	9	7	5	3	8	4	2	1
8	2	5	4	1	9	6	3	7
3	4	1	7	2	6	8	5	9
7	1	2	8	6	5	9	4	3
5	6	4	9	7	3	1	8	2
9	8	3	1	4	2	7	6	5

59

2	3	5	6	4	9	8	1	7
9	1	8	7	3	5	4	2	6
4	7	6	8	1	2	3	9	5
5	4	9	1	2	6	7	8	3
1	6	7	3	9	8	2	5	4
3	8	2	4	5	7	9	6	1
6	2	1	9	7	4	5	3	8
8	9	4	5	6	3	1	7	2
7	5	3	2	8	1	6	4	9

60

7	8	4	3	6	1	2	9	5
1	3	6	5	2	9	7	8	4
9	5	2	4	7	8	1	3	6
2	9	5	8	4	7	6	1	3
6	1	3	9	5	2	4	7	8
4	7	8	1	3	6	5	2	9
8	4	7	6	1	3	9	5	2
3	6	1	2	9	5	8	4	7
5	2	9	7	8	4	3	6	1

SOLUTIONS

61

8	7	3	1	6	9	2	4	5
4	1	9	5	8	2	6	3	7
6	5	2	7	4	3	1	9	8
9	8	5	3	1	4	7	6	2
2	6	4	9	7	8	5	1	3
1	3	7	2	5	6	4	8	9
3	4	6	8	2	5	9	7	1
5	9	1	6	3	7	8	2	4
7	2	8	4	9	1	3	5	6

62

9	7	3	1	6	4	8	2	5
4	5	6	8	2	3	9	7	1
2	1	8	9	7	5	3	4	6
1	3	7	2	4	8	6	5	9
8	4	9	5	3	6	2	1	7
5	6	2	7	1	9	4	3	8
6	2	5	3	8	1	7	9	4
3	8	1	4	9	7	5	6	2
7	9	4	6	5	2	1	8	3

63

4	5	9	7	2	3	6	1	8
6	1	2	8	4	5	7	9	3
3	8	7	1	6	9	2	4	5
2	3	6	5	7	4	9	8	1
9	4	1	6	3	8	5	2	7
5	7	8	2	9	1	3	6	4
7	9	3	4	1	2	8	5	6
1	2	5	3	8	6	4	7	9
8	6	4	9	5	7	1	3	2

64

8	6	4	2	5	1	7	9	3
3	7	1	6	4	9	5	8	2
2	5	9	8	3	7	1	4	6
6	8	3	5	1	4	9	2	7
9	1	7	3	6	2	8	5	4
5	4	2	9	7	8	3	6	1
1	2	6	7	8	5	4	3	9
4	3	5	1	9	6	2	7	8
7	9	8	4	2	3	6	1	5

65

8	5	4	3	7	6	2	9	1
2	9	1	5	4	8	7	3	6
3	6	7	1	9	2	4	5	8
9	1	2	7	5	3	8	6	4
4	7	6	2	8	9	5	1	3
5	3	8	4	6	1	9	2	7
7	8	3	6	2	5	1	4	9
1	4	5	9	3	7	6	8	2
6	2	9	8	1	4	3	7	5

66

2	5	6	4	7	8	3	1	9
9	7	1	3	6	2	4	5	8
3	8	4	5	9	1	2	7	6
6	2	7	8	3	4	1	9	5
4	3	9	7	1	5	6	8	2
8	1	5	9	2	6	7	3	4
1	9	8	2	4	3	5	6	7
5	6	2	1	8	7	9	4	3
7	4	3	6	5	9	8	2	1

SOLUTIONS

67

1	8	7	5	4	2	6	3	9
3	6	5	8	9	1	4	7	2
2	9	4	6	7	3	5	1	8
6	7	3	2	1	5	8	9	4
9	4	1	7	6	8	3	2	5
8	5	2	9	3	4	7	6	1
4	3	9	1	8	6	2	5	7
7	2	6	4	5	9	1	8	3
5	1	8	3	2	7	9	4	6

68

8	3	7	2	6	9	4	5	1
4	2	5	1	3	7	9	8	6
9	1	6	4	5	8	7	3	2
3	9	2	8	4	6	1	7	5
6	4	1	7	2	5	8	9	3
5	7	8	9	1	3	2	6	4
1	8	3	5	9	4	6	2	7
7	5	4	6	8	2	3	1	9
2	6	9	3	7	1	5	4	8

69

3	9	6	2	8	4	7	5	1
5	2	7	1	3	6	8	4	9
4	1	8	7	5	9	2	6	3
8	6	3	4	2	1	5	9	7
7	5	9	3	6	8	1	2	4
1	4	2	9	7	5	6	3	8
6	3	5	8	9	7	4	1	2
2	8	4	6	1	3	9	7	5
9	7	1	5	4	2	3	8	6

70

8	9	5	4	6	7	2	3	1
6	2	1	8	3	9	5	4	7
7	4	3	5	2	1	8	6	9
9	6	7	3	1	8	4	5	2
5	1	2	7	4	6	9	8	3
4	3	8	2	9	5	1	7	6
2	8	6	1	5	3	7	9	4
3	5	4	9	7	2	6	1	8
1	7	9	6	8	4	3	2	5

71

4	2	7	3	9	8	6	5	1
6	9	3	1	5	7	2	4	8
5	1	8	2	4	6	3	9	7
7	6	4	5	1	9	8	3	2
1	8	9	7	3	2	4	6	5
2	3	5	8	6	4	7	1	9
8	5	1	4	7	3	9	2	6
9	4	2	6	8	1	5	7	3
3	7	6	9	2	5	1	8	4

72

6	3	9	8	5	1	2	7	4
1	7	4	3	6	2	5	9	8
8	2	5	9	7	4	6	3	1
3	9	1	5	4	7	8	2	6
7	4	2	1	8	6	3	5	9
5	8	6	2	9	3	1	4	7
4	5	7	6	2	8	9	1	3
9	6	3	7	1	5	4	8	2
2	1	8	4	3	9	7	6	5

SOLUTIONS

73

9	4	2	5	6	1	3	8	7
3	6	1	8	7	2	4	5	9
8	7	5	9	4	3	6	2	1
4	1	3	2	8	6	9	7	5
2	5	6	7	3	9	1	4	8
7	9	8	1	5	4	2	6	3
6	8	4	3	9	7	5	1	2
5	2	9	4	1	8	7	3	6
1	3	7	6	2	5	8	9	4

74

5	8	1	4	6	7	9	2	3
2	6	7	3	1	9	4	5	8
9	3	4	2	5	8	6	7	1
7	5	8	6	3	4	2	1	9
3	9	6	1	7	2	5	8	4
1	4	2	9	8	5	3	6	7
8	2	9	7	4	6	1	3	5
6	1	5	8	9	3	7	4	2
4	7	3	5	2	1	8	9	6

75

4	9	8	2	6	5	7	1	3
1	5	7	4	9	3	2	6	8
2	3	6	7	8	1	5	9	4
3	4	9	6	5	7	1	8	2
7	6	5	8	1	2	3	4	9
8	2	1	9	3	4	6	5	7
9	7	2	5	4	6	8	3	1
6	8	3	1	7	9	4	2	5
5	1	4	3	2	8	9	7	6

76

3	6	9	1	5	2	4	8	7
5	1	8	4	7	9	6	3	2
4	2	7	3	6	8	1	5	9
7	9	5	6	2	3	8	4	1
1	3	4	5	8	7	9	2	6
2	8	6	9	4	1	3	7	5
6	4	3	7	1	5	2	9	8
8	7	1	2	9	4	5	6	3
9	5	2	8	3	6	7	1	4

77

3	9	2	4	6	5	8	7	1
7	1	8	9	3	2	5	4	6
6	5	4	1	8	7	2	9	3
1	8	7	5	2	6	4	3	9
4	3	6	8	9	1	7	5	2
9	2	5	7	4	3	1	6	8
5	6	9	2	1	4	3	8	7
2	7	3	6	5	8	9	1	4
8	4	1	3	7	9	6	2	5

78

3	2	9	8	6	5	1	4	7
4	5	1	3	9	7	8	6	2
7	6	8	4	2	1	5	9	3
6	8	2	5	3	9	7	1	4
5	9	3	7	1	4	6	2	8
1	4	7	2	8	6	3	5	9
8	3	5	1	4	2	9	7	6
2	7	6	9	5	3	4	8	1
9	1	4	6	7	8	2	3	5

SOLUTIONS

79

4	5	1	7	9	2	3	6	8
3	2	6	5	8	4	9	1	7
8	9	7	6	3	1	5	4	2
2	8	3	1	5	6	4	7	9
7	6	9	2	4	8	1	3	5
1	4	5	9	7	3	2	8	6
6	7	2	3	1	9	8	5	4
5	1	8	4	2	7	6	9	3
9	3	4	8	6	5	7	2	1

80

6	8	7	3	4	1	9	5	2
2	3	9	7	5	6	4	1	8
5	4	1	2	8	9	3	6	7
9	2	4	8	1	7	6	3	5
7	1	8	5	6	3	2	4	9
3	6	5	4	9	2	8	7	1
4	9	6	1	2	5	7	8	3
1	7	2	6	3	8	5	9	4
8	5	3	9	7	4	1	2	6

81

9	4	2	6	7	3	8	5	1
1	8	3	5	9	4	6	7	2
6	5	7	2	1	8	9	4	3
5	6	4	8	3	1	2	9	7
3	9	1	7	5	2	4	8	6
2	7	8	4	6	9	3	1	5
8	1	6	3	4	5	7	2	9
7	2	9	1	8	6	5	3	4
4	3	5	9	2	7	1	6	8

82

9	4	6	7	2	1	5	8	3
1	7	8	3	5	9	2	4	6
5	2	3	8	6	4	7	9	1
8	9	4	6	3	2	1	7	5
3	1	7	4	9	5	6	2	8
6	5	2	1	8	7	9	3	4
4	3	5	2	7	6	8	1	9
7	6	1	9	4	8	3	5	2
2	8	9	5	1	3	4	6	7

83

3	7	1	8	9	2	6	4	5
6	8	5	7	4	3	2	9	1
4	9	2	5	1	6	3	8	7
7	4	6	1	3	9	5	2	8
2	3	8	4	7	5	1	6	9
1	5	9	2	6	8	7	3	4
5	6	3	9	8	1	4	7	2
8	2	4	6	5	7	9	1	3
9	1	7	3	2	4	8	5	6

84

7	6	4	8	1	9	5	2	3
1	3	2	4	5	6	9	8	7
5	8	9	7	2	3	6	1	4
3	2	1	6	8	5	7	4	9
9	5	7	2	4	1	8	3	6
8	4	6	3	9	7	1	5	2
2	1	8	9	6	4	3	7	5
6	7	5	1	3	2	4	9	8
4	9	3	5	7	8	2	6	1

SOLUTIONS

85

7	9	4	8	2	1	3	5	6
1	2	8	6	5	3	7	9	4
3	5	6	4	9	7	1	2	8
5	6	1	3	4	9	2	8	7
9	4	3	7	8	2	5	6	1
2	8	7	1	6	5	9	4	3
8	7	9	2	1	6	4	3	5
6	1	2	5	3	4	8	7	9
4	3	5	9	7	8	6	1	2

86

3	1	8	9	7	2	4	6	5
6	7	5	4	8	1	3	2	9
2	9	4	5	3	6	8	1	7
5	2	3	7	6	8	1	9	4
1	4	6	3	5	9	2	7	8
7	8	9	1	2	4	6	5	3
4	3	1	2	9	5	7	8	6
8	5	7	6	1	3	9	4	2
9	6	2	8	4	7	5	3	1

87

4	2	1	6	8	5	3	9	7
5	7	3	9	2	1	4	8	6
6	8	9	3	7	4	2	5	1
2	6	7	1	3	9	5	4	8
9	4	5	2	6	8	1	7	3
1	3	8	5	4	7	9	6	2
7	5	2	8	9	3	6	1	4
3	9	4	7	1	6	8	2	5
8	1	6	4	5	2	7	3	9

88

8	4	3	7	2	9	5	1	6
5	2	6	1	4	3	8	9	7
7	9	1	5	6	8	3	2	4
6	7	4	3	1	2	9	8	5
9	5	2	8	7	4	6	3	1
3	1	8	6	9	5	7	4	2
1	6	9	4	8	7	2	5	3
4	8	5	2	3	6	1	7	9
2	3	7	9	5	1	4	6	8

89

3	9	8	2	7	4	1	5	6
4	5	6	3	9	1	8	7	2
1	7	2	5	8	6	3	9	4
5	3	7	6	2	8	4	1	9
2	4	9	1	3	7	5	6	8
8	6	1	9	4	5	7	2	3
7	8	5	4	6	9	2	3	1
9	2	4	7	1	3	6	8	5
6	1	3	8	5	2	9	4	7

90

5	8	7	2	3	1	6	4	9
3	6	1	4	7	9	8	5	2
9	4	2	5	8	6	3	1	7
8	2	6	7	1	5	4	9	3
4	9	3	8	6	2	5	7	1
7	1	5	3	9	4	2	8	6
1	5	4	6	2	7	9	3	8
2	3	9	1	4	8	7	6	5
6	7	8	9	5	3	1	2	4

SOLUTIONS

91

9	2	3	8	7	4	5	6	1
7	5	6	3	9	1	2	8	4
1	4	8	6	2	5	3	7	9
3	1	5	9	8	2	6	4	7
6	9	2	5	4	7	1	3	8
8	7	4	1	6	3	9	2	5
4	3	7	2	1	9	8	5	6
5	6	1	7	3	8	4	9	2
2	8	9	4	5	6	7	1	3

92

4	7	5	8	6	2	9	3	1
6	2	1	9	7	3	8	5	4
9	8	3	1	5	4	7	2	6
2	3	6	7	9	8	1	4	5
5	1	8	3	4	6	2	9	7
7	4	9	2	1	5	3	6	8
1	9	4	6	2	7	5	8	3
3	5	7	4	8	9	6	1	2
8	6	2	5	3	1	4	7	9

93

5	1	9	6	4	8	2	7	3
7	8	2	1	9	3	5	4	6
6	3	4	5	7	2	9	1	8
8	2	3	4	5	7	6	9	1
1	4	6	2	3	9	8	5	7
9	5	7	8	6	1	3	2	4
3	7	5	9	8	4	1	6	2
4	9	1	3	2	6	7	8	5
2	6	8	7	1	5	4	3	9

94

6	7	9	8	5	3	2	4	1
2	8	1	9	4	6	5	3	7
5	3	4	2	1	7	8	9	6
1	9	6	5	2	4	3	7	8
8	4	5	3	7	1	9	6	2
3	2	7	6	8	9	4	1	5
4	1	2	7	3	8	6	5	9
9	5	3	1	6	2	7	8	4
7	6	8	4	9	5	1	2	3

95

8	9	7	3	5	1	6	4	2
3	6	2	4	9	8	7	1	5
1	5	4	6	2	7	9	3	8
7	4	5	2	8	6	1	9	3
9	8	6	1	7	3	5	2	4
2	1	3	5	4	9	8	7	6
4	7	1	8	3	5	2	6	9
6	2	8	9	1	4	3	5	7
5	3	9	7	6	2	4	8	1

96

8	2	6	7	9	1	3	5	4
3	7	1	4	6	5	9	8	2
4	9	5	2	3	8	6	1	7
1	3	4	9	8	7	2	6	5
5	8	7	6	1	2	4	3	9
9	6	2	3	5	4	8	7	1
7	5	3	8	2	9	1	4	6
6	4	9	1	7	3	5	2	8
2	1	8	5	4	6	7	9	3

SOLUTIONS

97

9	5	1	6	2	3	8	4	7
8	4	7	9	5	1	6	2	3
6	2	3	8	4	7	9	5	1
5	1	8	2	3	9	4	7	6
2	3	9	4	7	6	5	1	8
4	7	6	5	1	8	2	3	9
3	9	5	7	6	2	1	8	4
1	8	4	3	9	5	7	6	2
7	6	2	1	8	4	3	9	5

98

6	5	1	8	3	2	7	9	4
4	9	7	1	5	6	3	8	2
8	2	3	4	9	7	6	5	1
7	4	6	2	1	9	8	3	5
9	1	5	3	4	8	2	7	6
3	8	2	6	7	5	1	4	9
2	7	9	5	6	3	4	1	8
1	3	8	9	2	4	5	6	7
5	6	4	7	8	1	9	2	3

99

8	1	7	9	3	2	6	5	4
3	4	2	6	7	5	9	8	1
5	9	6	1	4	8	3	7	2
6	7	3	8	2	1	5	4	9
1	5	4	3	9	6	8	2	7
2	8	9	4	5	7	1	3	6
9	3	5	7	1	4	2	6	8
7	6	1	2	8	3	4	9	5
4	2	8	5	6	9	7	1	3

100

7	6	5	8	2	9	1	4	3
4	8	3	7	1	5	9	2	6
1	2	9	4	6	3	7	8	5
8	9	7	1	3	2	5	6	4
2	5	1	6	4	7	8	3	9
6	3	4	9	5	8	2	7	1
3	1	2	5	7	4	6	9	8
9	4	6	2	8	1	3	5	7
5	7	8	3	9	6	4	1	2

101

9	5	2	3	7	1	6	4	8
3	6	7	4	9	8	5	2	1
8	1	4	2	6	5	3	9	7
1	2	3	9	4	6	8	7	5
6	4	5	8	1	7	9	3	2
7	9	8	5	3	2	1	6	4
4	7	1	6	5	9	2	8	3
5	8	9	7	2	3	4	1	6
2	3	6	1	8	4	7	5	9

102

8	1	2	6	7	5	3	9	4
5	7	9	4	1	3	2	8	6
4	3	6	2	8	9	1	5	7
7	4	3	1	5	8	6	2	9
9	8	1	7	6	2	4	3	5
2	6	5	3	9	4	7	1	8
6	9	4	8	3	1	5	7	2
3	2	8	5	4	7	9	6	1
1	5	7	9	2	6	8	4	3

SOLUTIONS

103

3	8	6	5	7	1	2	4	9
7	5	9	3	4	2	8	6	1
4	2	1	8	6	9	3	5	7
5	1	4	6	2	3	7	9	8
8	3	7	4	9	5	6	1	2
6	9	2	7	1	8	4	3	5
2	4	3	1	5	7	9	8	6
9	6	5	2	8	4	1	7	3
1	7	8	9	3	6	5	2	4

104

8	6	2	1	7	9	5	4	3
3	1	4	5	2	8	6	9	7
5	9	7	3	6	4	2	1	8
9	7	5	2	8	6	4	3	1
2	8	6	4	3	1	7	5	9
1	4	3	7	9	5	8	2	6
7	2	1	6	4	3	9	8	5
6	5	9	8	1	2	3	7	4
4	3	8	9	5	7	1	6	2

105

5	2	6	1	4	9	3	8	7
3	8	1	5	6	7	4	2	9
4	9	7	3	8	2	6	5	1
2	7	8	9	3	4	5	1	6
1	4	9	6	7	5	2	3	8
6	3	5	2	1	8	9	7	4
8	5	2	7	9	6	1	4	3
7	6	3	4	2	1	8	9	5
9	1	4	8	5	3	7	6	2

106

8	6	2	5	7	9	4	1	3
3	1	7	6	4	2	5	9	8
5	4	9	8	3	1	6	2	7
7	2	5	4	9	3	8	6	1
9	8	1	7	5	6	3	4	2
6	3	4	1	2	8	7	5	9
4	5	3	9	1	7	2	8	6
2	9	6	3	8	4	1	7	5
1	7	8	2	6	5	9	3	4

107

6	2	3	7	9	8	1	5	4
5	8	4	2	3	1	7	9	6
9	1	7	6	4	5	2	3	8
2	9	1	5	7	4	6	8	3
3	4	8	1	6	2	9	7	5
7	6	5	9	8	3	4	2	1
4	5	9	3	1	7	8	6	2
8	7	2	4	5	6	3	1	9
1	3	6	8	2	9	5	4	7

108

2	9	1	7	4	8	6	3	5
3	6	7	2	5	1	4	9	8
8	5	4	3	9	6	2	1	7
6	3	2	5	8	9	1	7	4
1	8	9	4	7	2	3	5	6
4	7	5	1	6	3	9	8	2
9	2	6	8	1	5	7	4	3
7	1	8	6	3	4	5	2	9
5	4	3	9	2	7	8	6	1

SOLUTIONS

109

1	2	5	6	3	4	7	8	9
9	7	4	8	1	5	2	6	3
8	6	3	9	2	7	1	4	5
4	8	6	2	5	3	9	7	1
5	9	7	1	8	6	3	2	4
3	1	2	7	4	9	8	5	6
2	4	8	5	9	1	6	3	7
7	3	9	4	6	8	5	1	2
6	5	1	3	7	2	4	9	8

110

6	4	2	5	9	7	1	3	8
3	1	9	6	4	8	7	5	2
7	8	5	1	2	3	9	4	6
5	3	7	9	6	2	8	1	4
1	9	6	3	8	4	2	7	5
4	2	8	7	5	1	6	9	3
8	6	1	4	7	5	3	2	9
2	7	4	8	3	9	5	6	1
9	5	3	2	1	6	4	8	7

111

9	6	7	4	2	8	5	1	3
3	8	5	9	7	1	4	6	2
4	1	2	5	6	3	8	7	9
6	9	8	7	5	2	1	3	4
2	3	4	6	1	9	7	8	5
7	5	1	3	8	4	9	2	6
1	4	9	8	3	6	2	5	7
5	2	6	1	9	7	3	4	8
8	7	3	2	4	5	6	9	1

112

6	1	9	8	7	5	3	4	2
8	5	2	3	6	4	1	7	9
4	3	7	1	9	2	5	6	8
1	6	8	5	3	9	4	2	7
3	7	4	2	8	1	6	9	5
9	2	5	7	4	6	8	3	1
2	4	1	9	5	3	7	8	6
5	8	3	6	2	7	9	1	4
7	9	6	4	1	8	2	5	3

113

3	5	6	4	1	2	9	8	7
1	2	7	9	5	8	4	3	6
9	8	4	7	6	3	5	2	1
4	7	1	5	2	9	3	6	8
5	6	3	8	4	7	1	9	2
8	9	2	6	3	1	7	5	4
7	1	8	2	9	5	6	4	3
2	4	9	3	7	6	8	1	5
6	3	5	1	8	4	2	7	9

114

2	6	4	7	1	9	3	5	8
9	3	8	2	6	5	7	4	1
7	5	1	3	8	4	9	2	6
1	2	9	6	5	7	8	3	4
6	4	3	1	2	8	5	9	7
5	8	7	9	4	3	6	1	2
3	1	2	8	9	6	4	7	5
4	9	6	5	7	2	1	8	3
8	7	5	4	3	1	2	6	9

SOLUTIONS

115

8	3	5	6	2	1	4	9	7
9	6	4	8	3	7	5	1	2
2	1	7	5	4	9	3	6	8
7	5	6	4	8	2	1	3	9
1	8	3	9	5	6	2	7	4
4	9	2	7	1	3	8	5	6
6	4	8	3	9	5	7	2	1
3	7	1	2	6	8	9	4	5
5	2	9	1	7	4	6	8	3

116

8	2	3	6	1	4	5	9	7
6	5	1	9	8	7	3	2	4
9	4	7	2	3	5	8	1	6
2	7	8	3	4	9	1	6	5
5	6	9	1	2	8	4	7	3
3	1	4	7	5	6	9	8	2
4	9	5	8	6	2	7	3	1
7	3	6	5	9	1	2	4	8
1	8	2	4	7	3	6	5	9

117

7	4	9	3	1	5	8	2	6
1	3	8	9	6	2	7	4	5
6	2	5	4	7	8	3	1	9
4	1	6	7	9	3	2	5	8
9	7	2	5	8	6	1	3	4
8	5	3	2	4	1	9	6	7
2	6	4	8	3	9	5	7	1
5	9	1	6	2	7	4	8	3
3	8	7	1	5	4	6	9	2

118

8	1	4	3	7	6	9	2	5
5	7	6	2	9	8	3	1	4
9	3	2	1	4	5	8	7	6
1	4	9	8	6	3	2	5	7
6	8	5	7	2	1	4	9	3
7	2	3	4	5	9	1	6	8
3	6	8	9	1	7	5	4	2
4	9	7	5	8	2	6	3	1
2	5	1	6	3	4	7	8	9

119

7	2	6	8	5	4	9	3	1
9	5	3	7	1	6	8	2	4
8	4	1	2	9	3	7	6	5
4	1	9	3	6	5	2	8	7
6	7	2	4	8	1	3	5	9
3	8	5	9	2	7	4	1	6
1	3	7	6	4	8	5	9	2
2	6	4	5	3	9	1	7	8
5	9	8	1	7	2	6	4	3

120

3	1	5	4	2	7	8	6	9
8	6	7	9	3	5	4	1	2
9	2	4	6	1	8	3	5	7
5	9	1	3	7	4	2	8	6
4	7	2	8	6	9	1	3	5
6	3	8	1	5	2	9	7	4
1	8	9	5	4	6	7	2	3
7	4	6	2	8	3	5	9	1
2	5	3	7	9	1	6	4	8

SOLUTIONS

121

7	4	5	9	2	1	8	6	3
2	9	3	8	4	6	1	5	7
8	6	1	3	5	7	2	4	9
5	8	6	7	3	2	9	1	4
4	2	9	1	6	8	7	3	5
1	3	7	5	9	4	6	2	8
6	7	8	4	1	3	5	9	2
3	5	2	6	7	9	4	8	1
9	1	4	2	8	5	3	7	6

122

7	9	2	4	8	6	3	1	5
1	4	8	3	7	5	2	9	6
6	3	5	2	1	9	7	8	4
9	5	3	6	2	4	1	7	8
2	7	6	1	5	8	9	4	3
4	8	1	7	9	3	6	5	2
5	2	4	9	6	7	8	3	1
3	6	7	8	4	1	5	2	9
8	1	9	5	3	2	4	6	7

123

4	1	2	7	3	9	5	8	6
9	5	3	8	6	1	7	2	4
8	7	6	5	4	2	1	3	9
6	8	7	4	9	3	2	5	1
3	2	5	6	1	7	4	9	8
1	4	9	2	8	5	6	7	3
2	6	8	9	5	4	3	1	7
7	3	4	1	2	8	9	6	5
5	9	1	3	7	6	8	4	2

124

5	4	3	6	9	1	7	8	2
9	1	2	8	4	7	3	6	5
8	7	6	2	5	3	9	1	4
6	5	9	1	2	8	4	3	7
7	2	1	4	3	9	8	5	6
4	3	8	7	6	5	1	2	9
2	6	7	3	1	4	5	9	8
1	8	5	9	7	2	6	4	3
3	9	4	5	8	6	2	7	1

125

8	3	7	6	1	5	4	2	9
4	1	5	8	9	2	6	3	7
2	9	6	4	3	7	5	1	8
1	5	9	2	8	3	7	4	6
3	6	4	7	5	9	1	8	2
7	8	2	1	6	4	9	5	3
5	2	1	3	7	6	8	9	4
6	4	8	9	2	1	3	7	5
9	7	3	5	4	8	2	6	1

126

8	5	3	2	1	6	4	9	7
1	6	9	3	7	4	8	2	5
7	2	4	8	9	5	3	1	6
4	1	7	9	3	2	6	5	8
5	9	8	4	6	1	2	7	3
2	3	6	5	8	7	9	4	1
6	4	5	1	2	3	7	8	9
3	8	2	7	5	9	1	6	4
9	7	1	6	4	8	5	3	2

SOLUTIONS

127

4	6	8	2	7	9	1	5	3
1	7	2	3	5	4	8	6	9
9	5	3	1	6	8	4	7	2
5	1	6	4	3	2	7	9	8
3	8	4	9	1	7	5	2	6
7	2	9	6	8	5	3	1	4
6	4	7	8	9	1	2	3	5
2	3	1	5	4	6	9	8	7
8	9	5	7	2	3	6	4	1

128

4	8	3	5	7	1	6	9	2
5	7	2	9	8	6	3	1	4
6	9	1	3	2	4	5	8	7
9	2	6	1	5	7	4	3	8
3	4	7	8	9	2	1	6	5
1	5	8	6	4	3	7	2	9
8	6	4	2	3	5	9	7	1
2	3	5	7	1	9	8	4	6
7	1	9	4	6	8	2	5	3

129

8	3	4	7	6	9	5	2	1
9	5	1	4	8	2	6	3	7
7	2	6	3	5	1	8	4	9
3	6	2	9	1	5	4	7	8
1	4	9	8	7	6	2	5	3
5	7	8	2	4	3	1	9	6
4	9	7	1	2	8	3	6	5
6	8	3	5	9	4	7	1	2
2	1	5	6	3	7	9	8	4

130

1	9	8	4	6	7	3	5	2
4	7	6	2	5	3	9	8	1
3	2	5	9	8	1	4	6	7
7	8	3	6	4	5	2	1	9
9	5	4	7	1	2	6	3	8
6	1	2	8	3	9	5	7	4
2	3	9	1	7	6	8	4	5
8	6	1	5	2	4	7	9	3
5	4	7	3	9	8	1	2	6

131

8	4	3	2	9	5	7	6	1
1	2	9	6	7	4	8	5	3
6	5	7	3	8	1	9	2	4
7	8	2	4	5	9	1	3	6
3	9	1	8	2	6	5	4	7
5	6	4	7	1	3	2	8	9
2	7	6	9	3	8	4	1	5
4	1	8	5	6	7	3	9	2
9	3	5	1	4	2	6	7	8

132

5	2	9	1	7	8	6	3	4
3	8	7	2	4	6	9	1	5
1	4	6	9	5	3	8	2	7
2	9	1	8	3	4	7	5	6
6	7	8	5	2	1	4	9	3
4	3	5	7	6	9	1	8	2
8	6	2	4	9	5	3	7	1
7	1	4	3	8	2	5	6	9
9	5	3	6	1	7	2	4	8

SOLUTIONS

133

8	1	4	6	3	2	7	5	9
2	6	5	9	8	7	3	4	1
3	9	7	1	4	5	6	8	2
6	5	3	8	1	4	2	9	7
9	8	1	2	7	3	4	6	5
4	7	2	5	9	6	8	1	3
5	3	8	4	2	1	9	7	6
1	2	9	7	6	8	5	3	4
7	4	6	3	5	9	1	2	8

134

1	5	4	8	6	2	9	7	3
7	2	6	1	9	3	5	8	4
9	8	3	5	4	7	1	6	2
8	6	7	2	1	5	4	3	9
5	9	1	3	7	4	8	2	6
3	4	2	9	8	6	7	1	5
4	3	8	7	2	9	6	5	1
2	1	9	6	5	8	3	4	7
6	7	5	4	3	1	2	9	8

135

7	2	3	5	8	9	1	4	6
9	4	1	3	6	7	2	8	5
8	5	6	4	2	1	7	3	9
6	7	5	2	3	8	9	1	4
1	3	9	6	7	4	5	2	8
2	8	4	1	9	5	6	7	3
5	9	2	8	1	3	4	6	7
4	6	8	7	5	2	3	9	1
3	1	7	9	4	6	8	5	2

136

9	3	8	4	1	7	6	5	2
4	1	2	5	6	3	7	9	8
6	5	7	8	9	2	4	3	1
5	2	9	7	4	8	3	1	6
1	4	3	6	2	5	9	8	7
8	7	6	9	3	1	5	2	4
3	6	1	2	5	4	8	7	9
2	8	4	3	7	9	1	6	5
7	9	5	1	8	6	2	4	3

137

3	1	5	4	9	8	6	7	2
8	7	9	3	6	2	1	5	4
2	4	6	7	5	1	9	8	3
5	6	2	1	7	9	4	3	8
4	9	3	8	2	5	7	1	6
1	8	7	6	3	4	2	9	5
7	3	4	5	1	6	8	2	9
9	5	8	2	4	7	3	6	1
6	2	1	9	8	3	5	4	7

138

8	5	1	4	2	7	3	6	9
9	6	3	5	8	1	2	4	7
4	7	2	3	9	6	5	1	8
7	2	4	8	3	5	1	9	6
1	9	8	7	6	2	4	5	3
6	3	5	9	1	4	7	8	2
3	4	9	2	5	8	6	7	1
2	1	7	6	4	9	8	3	5
5	8	6	1	7	3	9	2	4

SOLUTIONS

139

2	6	8	1	4	7	9	5	3
7	3	5	6	2	9	4	8	1
1	4	9	5	3	8	6	2	7
8	1	3	9	6	5	7	4	2
6	2	7	4	8	1	3	9	5
9	5	4	3	7	2	1	6	8
4	7	2	8	1	6	5	3	9
3	9	1	2	5	4	8	7	6
5	8	6	7	9	3	2	1	4

140

2	6	4	9	3	8	5	7	1
9	5	7	2	6	1	8	4	3
1	8	3	5	4	7	2	9	6
5	1	6	3	8	9	7	2	4
7	2	8	4	1	6	3	5	9
4	3	9	7	2	5	6	1	8
3	4	1	8	5	2	9	6	7
6	9	5	1	7	3	4	8	2
8	7	2	6	9	4	1	3	5

141

9	7	4	3	5	1	6	2	8
1	3	5	2	6	8	7	4	9
8	2	6	4	9	7	5	1	3
3	6	2	1	8	5	4	9	7
7	1	8	9	2	4	3	6	5
4	5	9	7	3	6	2	8	1
6	9	7	8	4	3	1	5	2
2	4	3	5	1	9	8	7	6
5	8	1	6	7	2	9	3	4

142

1	6	2	5	7	8	9	4	3
8	3	9	4	2	6	1	7	5
7	4	5	1	9	3	8	6	2
3	7	1	6	5	2	4	9	8
9	2	8	7	4	1	5	3	6
6	5	4	3	8	9	7	2	1
5	9	3	8	6	4	2	1	7
2	1	7	9	3	5	6	8	4
4	8	6	2	1	7	3	5	9

143

7	9	8	4	1	2	6	3	5
6	2	4	7	5	3	9	1	8
5	3	1	8	6	9	2	4	7
3	4	7	1	9	5	8	2	6
2	1	5	6	8	4	3	7	9
9	8	6	3	2	7	1	5	4
1	5	9	2	4	8	7	6	3
4	7	2	9	3	6	5	8	1
8	6	3	5	7	1	4	9	2

144

5	6	3	7	8	4	1	9	2
9	4	1	2	3	5	6	7	8
2	8	7	6	1	9	4	3	5
8	9	6	5	7	3	2	4	1
3	1	4	8	2	6	7	5	9
7	5	2	9	4	1	8	6	3
1	7	9	4	5	2	3	8	6
6	3	8	1	9	7	5	2	4
4	2	5	3	6	8	9	1	7

SOLUTIONS

145

8	3	9	6	2	1	4	7	5
4	2	1	7	3	5	8	6	9
7	6	5	8	4	9	1	2	3
6	1	8	4	5	2	9	3	7
2	9	4	3	7	8	6	5	1
3	5	7	1	9	6	2	8	4
1	7	3	2	6	4	5	9	8
5	4	2	9	8	7	3	1	6
9	8	6	5	1	3	7	4	2

146

2	5	9	4	8	3	7	1	6
1	8	4	7	6	2	3	9	5
6	7	3	1	9	5	4	2	8
3	1	6	8	5	4	9	7	2
5	4	7	2	3	9	8	6	1
9	2	8	6	1	7	5	4	3
7	6	5	9	2	8	1	3	4
8	9	2	3	4	1	6	5	7
4	3	1	5	7	6	2	8	9

147

8	1	2	4	6	7	3	5	9
3	6	5	9	1	8	4	7	2
9	7	4	3	5	2	1	8	6
5	2	3	6	8	9	7	1	4
7	4	1	2	3	5	9	6	8
6	9	8	1	7	4	5	2	3
4	8	7	5	2	3	6	9	1
2	3	6	7	9	1	8	4	5
1	5	9	8	4	6	2	3	7

148

6	1	7	3	4	2	8	5	9
4	3	8	6	5	9	7	2	1
2	9	5	7	1	8	3	6	4
5	2	1	4	6	3	9	7	8
9	7	3	2	8	5	1	4	6
8	6	4	1	9	7	5	3	2
7	8	6	9	3	4	2	1	5
3	4	9	5	2	1	6	8	7
1	5	2	8	7	6	4	9	3

149

3	6	4	1	2	7	5	8	9
1	7	5	8	6	9	4	2	3
8	9	2	3	4	5	7	1	6
7	2	1	5	8	3	9	6	4
6	4	8	9	7	2	1	3	5
9	5	3	4	1	6	2	7	8
5	8	9	2	3	1	6	4	7
2	3	7	6	5	4	8	9	1
4	1	6	7	9	8	3	5	2

150

5	4	6	8	9	7	2	3	1
2	7	1	5	3	4	8	9	6
3	9	8	2	6	1	5	7	4
6	1	9	7	2	8	4	5	3
8	5	7	1	4	3	6	2	9
4	3	2	9	5	6	1	8	7
1	2	5	6	7	9	3	4	8
7	8	3	4	1	2	9	6	5
9	6	4	3	8	5	7	1	2

SOLUTIONS

151

2	1	9	6	4	5	7	8	3
3	4	5	8	9	7	1	6	2
7	6	8	1	2	3	4	5	9
8	9	6	7	1	2	5	3	4
1	2	3	4	5	6	9	7	8
5	7	4	3	8	9	2	1	6
9	3	1	2	7	8	6	4	5
4	8	2	5	6	1	3	9	7
6	5	7	9	3	4	8	2	1

152

4	7	6	5	1	3	9	8	2
5	1	9	2	4	8	7	6	3
2	3	8	6	7	9	4	1	5
3	8	1	4	6	2	5	9	7
9	6	5	8	3	7	2	4	1
7	2	4	1	9	5	8	3	6
8	9	2	3	5	6	1	7	4
1	5	3	7	8	4	6	2	9
6	4	7	9	2	1	3	5	8

153

8	5	4	1	7	2	3	9	6
7	3	1	6	8	9	2	5	4
2	6	9	5	3	4	8	7	1
6	1	3	2	4	7	9	8	5
5	2	7	9	6	8	1	4	3
4	9	8	3	5	1	7	6	2
1	8	5	7	2	6	4	3	9
3	7	2	4	9	5	6	1	8
9	4	6	8	1	3	5	2	7

154

7	4	9	6	1	2	8	3	5
6	3	5	7	8	4	1	9	2
1	8	2	3	5	9	4	6	7
5	1	8	4	9	7	6	2	3
2	7	4	1	6	3	5	8	9
9	6	3	8	2	5	7	4	1
3	2	1	5	4	8	9	7	6
8	9	6	2	7	1	3	5	4
4	5	7	9	3	6	2	1	8

155

3	9	8	6	5	7	1	2	4
5	6	7	2	4	1	3	9	8
4	2	1	8	9	3	6	7	5
1	7	4	5	2	6	9	8	3
2	8	6	3	1	9	4	5	7
9	3	5	4	7	8	2	6	1
8	4	9	7	3	2	5	1	6
7	1	3	9	6	5	8	4	2
6	5	2	1	8	4	7	3	9

156

3	4	1	8	7	9	2	6	5
2	6	9	5	3	4	7	8	1
8	5	7	6	2	1	3	4	9
4	9	8	7	5	3	6	1	2
5	7	3	1	6	2	4	9	8
6	1	2	9	4	8	5	3	7
9	3	6	2	8	5	1	7	4
7	8	5	4	1	6	9	2	3
1	2	4	3	9	7	8	5	6

SOLUTIONS

157

7	5	6	9	1	3	4	8	2
1	4	8	2	7	5	3	9	6
2	9	3	4	6	8	5	1	7
5	1	4	6	8	9	7	2	3
8	2	7	1	3	4	9	6	5
3	6	9	7	5	2	1	4	8
9	8	5	3	2	1	6	7	4
4	7	2	5	9	6	8	3	1
6	3	1	8	4	7	2	5	9

158

7	8	9	2	3	4	6	5	1
5	4	3	6	1	9	8	2	7
2	1	6	8	7	5	9	3	4
3	5	1	7	2	8	4	6	9
4	6	8	5	9	3	1	7	2
9	2	7	1	4	6	3	8	5
1	3	5	9	6	2	7	4	8
6	9	2	4	8	7	5	1	3
8	7	4	3	5	1	2	9	6

159

9	2	1	3	6	4	5	7	8
5	7	8	9	1	2	4	6	3
3	6	4	8	7	5	1	9	2
4	3	5	2	8	6	9	1	7
6	8	7	1	3	9	2	4	5
1	9	2	5	4	7	8	3	6
8	1	9	6	2	3	7	5	4
7	5	3	4	9	8	6	2	1
2	4	6	7	5	1	3	8	9

160

1	7	5	9	6	3	2	8	4
4	2	8	5	1	7	9	6	3
9	6	3	8	4	2	5	7	1
6	9	4	3	8	1	7	2	5
7	3	2	6	5	9	1	4	8
5	8	1	2	7	4	6	3	9
2	4	7	1	3	5	8	9	6
8	5	9	4	2	6	3	1	7
3	1	6	7	9	8	4	5	2